Matthias Fiedler

Ideja inovativnog uparivanja nekretnina: posredovanje u prometu nekretnina na jednostavan način

Uparivanje nekretnina: učinkovito, jednostavno i profesionalno posredovanje u prometu nekretnina preko inovativnog portala za uparivanje nekretnina

Impresum

1. izdanje kao tiskana knjiga | veljača 2017.
(U izvorniku izdano na njemačkom jeziku, prosinac 2016.)

© 2016 Matthias Fiedler

Matthias Fiedler
Erika-von-Brockdorff-Str. 19
41352 Korschenbroich
Njemačka
www.matthiasfiedler.net

Izrada i tisak:
vidi otisak na posljednjoj stranici

Dizajn naslovnice: Matthias Fiedler
Izrada e-knjige: Matthias Fiedler

ISBN-13 (broširano izdanje): 978-3-947082-57-5
ISBN-13 (e-knjiga mobi): 978-3-947082-58-2
ISBN-13 (e-knjiga epub): 978-3-947082-59-9

Bibliografski podatci Njemačke nacionalne knjižnice: Njemačka nacionalna knjižnica vodi ovu publikaciju u Njemačkoj nacionalnoj bibliografiji; detaljni bibliografski podatci mogu se pronaći na internetu na mrežnoj stranici http://dnb.d-nb.de.

SADRŽAJ

U ovoj je knjizi objašnjen revolucionaran koncept za portal za uparivanje nekretnina na razini čitavoga svijeta (App –aplikacija) s izračunom značajnog potencijalnog prometa (u milijardama eura), koji je integriran u softver za posredovanje u prometu nekretnina, koji uključuje i procjenu vrijednosti nekretnina (potencijalni promet u bilijunima eura).

Na taj je način omogućeno učinkovito posredovanje u prometu stambenih i poslovnih nekretnina bilo za vlastitu uporabu ili iznajmljivanje kao i za uštedu vremena pri tome. To je budućnost inovativnog i profesionalnog posredovanja u prometu nekretnina za sve posrednike u prometu nekretnina i potencijalne kupce nekretnina. Uparivanje nekretnina funkcionira u gotovo svim zemljama pa čak i preko granica.

Umjesto da se nekretnine „nose "do kupca ili najmoprimca, potencijalni kupci nekretnina kvalificiraju se (profil za pretraživanje) na portalu za uparivanje nekretnina te uspoređuju i povezuju s nekretninama kojima posreduju posrednici.

KAZALO

6

PREDGOVOR

2011. godine osmislio sam i razvio ovdje opisanu ideju inovativnog uparivanja nekretnina.

Od 1998. godine radim u sektoru nekretnina (između ostaloga u posredovanju u prometu nekretnina, kupnji i prodaji, procjenjivanju, iznajmljivanju i razvoju parcela). Između ostaloga sam agent za nekretnine (IHK), diplomirani ekonomist za nekretnine (ADI) i sudski vještak za procjenu vrijednosti nekretnina (DEKRA) te član međunarodno priznate udruge Royal Institution of Chartered Surveyors (MRICS).

Matthias Fiedler
Korschenbroich, 31.10.2016.
www.matthiasfiedler.net

1. Ideja inovativnog uparivanja nekretnina: posredovanje u prometu nekretnina na jednostavan način

Uparivanje nekretnina: učinkovito, jednostavno i profesionalno posredovanje u prometu nekretnina preko inovativnog portala za uparivanje nekretnina

Umjesto da se nekretnine „nose "do kupca ili najmoprimca, potencijalni kupci nekretnina kvalificiraju se (profil za pretraživanje) na portalu za uparivanje nekretnina (App - aplikacija) te uspoređuju i povezuju s nekretninama kojima posreduju posrednici.

2. Ciljevi potencijalnih kupaca nekretnina i ponuđača nekretnina

S gledišta prodavatelja i iznajmljivača vrlo je važno svoju nekretninu brzo prodati odnosno iznajmiti, i to po čim višoj cijeni.

S gledišta kupca i najmoprimca/zakupoprimca važno je pronaći nekretninu koja odgovara vašim željama te je moći brzo i bez problema kupiti odnosno uzeti u najam/zakup.

3. Dosadašnji postupak pretraživanja nekretnina

Potencijalni kupci u pravilu gledaju nekretnine na svojem željenom području, na velikim portalima za nekretnine na internetu. Ako su ondje izradili kratak profil za pretraživanje, mogu zatražiti da im se e-poštom pošalju nekretnine odnosno popis poveznica na nekretnine. To se često odvija na 2 - 3 portala za nekretnine. Nakon toga u pravilu stupaju u kontakt s ponuđačima preko e-pošte. Na taj način ponuđači dobivaju mogućnost i dopuštenje da stupe u kontakt s potencijalnim kupcima.

Osim toga, potencijalni kupci kontaktiraju pojedinačno s posrednicima u prometu nekretnina na željenom području i izrađuju profil za pretraživanje.

Među ponuđačima na portalima za nekretnine ima privatnih i poslovnih ponuđača. Poslovni ponuđači uglavnom su posrednici u prometu nekretnina, a dijelom i građevinska poduzeća, trgovci nekretninama i ostala društva koja posluju s nekretninama (u tekstu poslovne ponuđače nazivamo posrednicima u prometu nekretnina).

4. Nedostatci privatnih ponuđača / prednosti posrednika u prometu nekretnina

Kada je riječ u nekretninama na prodaju, privatni prodavatelji ne mogu uvijek osigurati trenutačnu prodaju jer ako je, primjerice, nekretnina naslijeđena, nema dogovora između nasljednika ili nedostaje rješenje o nasljeđivanju. Osim toga, prodaju mogu otežati i nerazjašnjena pravna pitanja kao što je, primjerice, stanarsko pravo.

Kod nekretnina za iznajmljivanje može se dogoditi da privatni iznajmljivači nisu pribavili potrebne dozvole, primjerice ako neku poslovnu nekretninu (ili površinu) treba iznajmiti kao stan.

Ako je posrednik u prometu nekretnina u svojstvu ponuđača, u pravilu je riješio sve navedene aspekte. Uz to su često već pripremljeni svi relevantni dokumenti o nekretnini (tlocrt, položajni nacrt, energetski certifikat, gruntovnica, dokumentacija tijela javne uprave itd.). –Na taj je način moguća brza prodaja ili iznajmljivanje bez komplikacija.

5. Uparivanje nekretnina

Kako bi se postiglo brzo i učinkovito uparivanje između potencijalnih kupaca i prodavatelja odnosno iznajmljivača, općenito je važno ponuditi sustavan i profesionalan postupak. To je ovdje postignuto obrnutim postupkom odnosno tijekom pri traženju i pronalaženju između posrednika u prometu nekretnina i potencijalnih kupaca. To znači, umjesto da se nekretnine „nose "do kupca ili najmoprimca, potencijalni kupci nekretnina kvalificiraju se (profil za pretraživanje) na portalu za uparivanje nekretnina (App - aplikacija) te uspoređuju i povezuju s nekretninama kojima posreduju posrednici.

Potencijalni kupci u prvom koraku izrađuju konkretan profil za pretraživanje na portalu za uparivanje nekretnina. Taj profil za pretraživanje sadrži otprilike 20 karakteristika. Sljedeće su karakteristike između ostaloga važne za profil za pretraživanje, no, ovo nije konačan popis.

- Regija / poštanski broj / mjesto
- Vrsta objekta
- Veličina parcele
- Stambena površina
- Cijena za prodaju/najam
- Godina gradnje
- Broj katova
- Broj soba
- Iznajmljeno (da/ne)
- Podrum (da/ne)
- Balkon/terasa (da/ne)
- Vrsta grijanja
- Parkirno mjesto (da/ne)

Pritom je važno da se karakteristike ne unose slobodno nego klikanjem odnosno otvaranjem odgovarajućeg polja s karakteristikama (npr. Vrsta objekta) s popisa zadanih mogućnosti/opcija (npr. Vrsta objekta: stan, obiteljska kuća, skladište, ured...).

Potencijalni kupci mogu opcijski izraditi i druge profile za pretraživanje. Moguće je također i izmijeniti profil za pretraživanje.

Potencijalni kupci uz to u zadana polja unose i potpune podatke za kontakt. To su prezime, ime, ulica, kućni broj, poštanski broj, mjesto, broj telefona i e-adresa.

S tim u vezi potencijalni kupci pristaju na to da se kontaktira s njima te da im se šalju odgovarajuće nekretnine (prikazi nekretnina) sa stranica posrednika u prometu nekretnina.

Osim toga, potencijalni kupci sklapaju ugovor s vlasnikom portala za uparivanje nekretnina.

U sljedećem su koraku profili za pretraživanje preko sučelja za programiranje (API – Application Programming Interface) –što možemo usporediti sa sučeljem za programiranje „openimmo "u Njemačkoj –na raspolaganju priključenim posrednicima u prometu nekretnina, ali još nisu vidljivi. Ovdje valja napomenuti da bi to sučelje za programiranje –gotovo ključ realizacije –trebalo podržavati gotovo sve softvere za posredovanje u prometu nekretnina koje možemo naći u praksi odnosno da bi trebalo osigurati prijenos. Ako to nije slučaj, valja to tehnički omogućiti. –Budući da u praksi već postoje sučelja za programiranje, kao što je spomenuti „openimmo "i ostala sučelja za programiranje, trebao bi biti moguć prijenos profila za pretraživanje.

Sada posrednici u prometu nekretnina uspoređuju nekretnine, kojima posreduju, s profilima za pretraživanje. Za to se nekretnine usnimavaju u portal za uparivanje nekretnina te se uspoređuju i povezuju određene karakteristike.

Nakon uspješne usporedbe navodi se uparenost s odgovarajućim postotkom. –Ako je uparenost veća od primjerice 50 %, u softveru za posredovanje u prometu nekretnina prikazuju se profili za pretraživanje.

Ovdje se pojedine karakteristike međusobno valoriziraju (sustav bodovanja) tako da se nakon usporedbe dobiva postotak za uparivanje (vjerojatnost podudaranja). –Primjerice, karakteristika „vrsta objekta "ima veću vrijednost od karakteristike „stambena površina". Uz to je moguće odabrati određene karakteristike (npr. podrum) koje ta nekretnina mora imati.

Tijekom uspoređivanja karakteristika za uparivanje valja paziti na to da se posrednicima u prometu nekretnina omogući pristup samo regijama koje žele (koje su rezervirali). Time se smanjuje zahtjevnost usklađivanja podataka. Posrednici u prometu nekretnina vrlo često djeluju regionalno. –Ovdje valja napomenuti da je danas pomoću takozvanih „oblaka "moguće pohranjivanje i obrada velikih količina podataka.

Kako bi se osiguralo profesionalno posredovanje u prometu nekretnina, pristup profilima za pretraživanje dobivaju samo posrednici u prometu nekretnina.

Za to posrednici u prometu nekretnina sklapaju ugovor s vlasnikom portala za uparivanje.

Nakon uspoređivanja/uparivanja posrednici smiju kontaktirati s potencijalnim kupcima i obrnuto - potencijalni kupci mogu kontaktirati s posrednicima. To znači također da ako su posrednici u prometu nekretnina potencijalnim kupcima poslali prikaz nekretnine, u slučaju prodaje ili iznajmljivanja, dokumentiran je dokaz o aktivnosti odnosno pravo posrednika u prometu nekretnina na njihovu proviziju za posredovanje. Preduvjet za to jest da posrednik dobije nalog od vlasnika (prodavatelja ili iznajmljivača) za posredovanje u prometu nekretnine ili da postoji suglasnost da smije nuditi nekretninu.

6. Područja primjene

Ovdje opisano uparivanje nekretnina primjenjivo je za nekretnine za prodaju i iznajmljivanje u sektoru stambenih i poslovnih nekretnina. Za poslovne nekretnine potrebne su dodatne karakteristike.

U praksi je uobičajeno da na strani potencijalnih kupaca bude i posrednik u prometu nekretnina ako djeluje primjerice po nalogu klijenata.

Uzmemo li u obzir čimbenik prostora, portal za uparivanje nekretnina može se prenijeti gotovo na svaku zemlju.

7. Prednosti

Ovo uparivanje nekretnina nudi velike prednosti za potencijalne kupce ako traže nekretninu primjerice u svojoj regiji (mjestu stanovanja) ili u drugom gradu / drugoj regiji ako mijenjaju posao. Oni tako moraju samo jedanput izraditi svoj profil za pretraživanje na što će im posrednici u prometu nekretnina, koji rade u željenoj regiji, slati odgovarajuće nekretnine.

Time se osiguravaju velike prednosti za posrednike u prometu nekretnina, upravo po pitanju učinkovitosti i uštede vremena za prodaju odnosno iznajmljivanje.

Oni tako mogu dobiti neposredan pregled o tome koliki je potencijal konkretnih potencijalnih kupaca za nekretnine koje imaju u ponudi.

Osim toga, posrednici u prometu nekretnina mogu izravno (između ostaloga slanjem prikaza nekretnine) komunicirati sa svojom ciljnom skupinom koja je izradom profila za pretraživanje izrazila konkretna razmišljanja o svojoj željenoj nekretnini.

Tako se povećava kvaliteta kontaktiranja s potencijalnim kupcima koji znaju što traže. Ujedno se smanjuje i broj termina razgleda koji slijede nakon kontaktiranja. –Na taj se način skraćuje čitavo razdoblje prisutnosti dotične nekretnine na tržištu.

Nakon što potencijalni kupac razgleda nekretninu, slijedi sklapanje kupoprodajnog ugovora ili ugovora o najmu/zakupu, baš kao i obično.

8. Primjer izračuna (potencijal) –samo stanovi i kuće za vlastitu uporabu (bez iznajmljenih stanova i kuća te bez poslovnih nekretnina)

Na sljedećem primjeru možemo vidjeti potencijal portala za uparivanje nekretnina.

Na gravitacijskom području s 250.000 stanovnika, kao što je grad Mönchengladbach, broj kućanstava možemo statistički zaokružiti na 125.000 (2 stanovnika po kućanstvu). Prosječna stopa preseljenja iznosi otprilike 10 %. To znači da se godišnje preseli 12.500 kućanstava. –Ovdje nismo uzeli u obzir saldo stanovnika koji su se doselili u Mönchengladbach i onih koji su se odselili iz Mönchengladbacha. –Od toga otprilike 10.000 kućanstava (80 %) traži nekretninu za najam, a otprilike 2.500 kućanstava (20 %) nekretninu za kupnju.

Prema izvještaju o tržištu nekretnina ureda procjenitelja grada Mönchengladbacha 2012. godine kupljeno je 2.613 nekretnina. –To potvrđuje ranije navedeni broj od 2.500 potencijalnih kupaca. No, taj je broj zapravo još i veći jer, primjerice, ne mora biti da je svaki potencijalni kupac pronašao nekretninu. Možemo procijeniti da je broj stvarnih potencijalnih kupaca odnosno konkretan broj profila za pretraživanje dvostruko veći od prosječne stope preseljenja od otprilike 10 %, dakle 25.000 profila za pretraživanje. To između ostaloga znači da potencijalni kupci izrađuju više profila za pretraživanje na portalu za uparivanje nekretnina.

Valja spomenuti i da je iskustvo dosad pokazalo da je otprilike polovina potencijalnih kupaca (kupaca i najmoprimaca) svoju nekretninu pronašlo preko posrednika u prometu nekretnina, dakle ukupno 6.250 kućanstava.

No, iskustvo je pokazalo da je najmanje 70 % svih kućanstava pretraživalo na internetu preko portala za nekretnine, dakle ukupno 8.750 kućanstava (što odgovara broju od 17.500 profila za pretraživanje).

Kada bi 30 % svih potencijalnih kupaca, to znači 3.750 kućanstava (što odgovara broju od 7.500 profila za pretraživanje) u gradu poput Mönchengladbacha izradilo svoj profil na portalu za uparivanje nekretnina (App –aplikacija), uključeni posrednici u prometu nekretnina godišnje bi mogli ponuditi odgovarajuće nekretnine za 1.500 konkretnih profila za pretraživanje (20 %) potencijalnih kupaca te za 6.000 konkretnih profila za pretraživanje (80 %) potencijalnim najmoprimcima.

To znači da uz prosječno trajanje potrage od 10 mjeseci i cijenu od recimo 50 EUR mjesečno za svaki profil za pretraživanje koji izradi potencijalni kupac, za 7.500 profila za pretragu imamo potencijalni promet od 3.750.000 EUR godišnje u gradu s 250.000 stanovnika.

Ako to prenesemo na Saveznu Republiku Njemačku s okruglo 80.000.000 (80 mil.) stanovnika, potencijalni promet iznosi 1.200.000.000 EUR (1,2 mlrd. EUR) godišnje. – Ako bi umjesto 30 % svih potencijalnih kupaca njih 40 % svoju nekretninu tražilo preko portala za uparivanje nekretnina, potencijalni promet povećao bi se na 1.600.000.000 EUR (1,6 mlrd. EUR) godišnje.

Taj potencijalni promet odnosi se samo na stanove i kuće za vlastitu uporabu. Ovaj izračun potencijala ne obuhvaća nekretnine za najam odnosno renditu u sektoru stambenih nekretnina ni cjelokupan sektor poslovnih nekretnina.

Ako uzmemo otprilike 50.000 poduzeća u Njemačkoj u sektoru posredovanja u prometu nekretnina (uključujući građevinska poduzeća, trgovce nekretninama i ostala društva koja posluju s nekretninama) s otprilike 200.000 zaposlenih i udio od 20 % od tih 50.000 poduzeća koja se koriste ovim portalom za uparivanje nekretnina s prosječno 2 licencijama, te ako uzmemo cijenu od 300 EUR mjesečno po licenciji, dobivamo potencijalni promet od 72.000.000 EUR (72 mil. EUR) godišnje. Uz to bi trebalo provesti regionalno rezerviranje tamošnjih profila za pretraživanje tako da se tu ovisno o oblikovanju može generirati značajan dodatni potencijalni promet.

Zbog tako velikog potencijala potencijalnih kupaca s konkretnim profilima za pretraživanje posrednici u prometu nekretnina više ne bi morali neprestano ažurirati svoju vlastitu bazu podataka potencijalnih kupaca ako je imaju. Osobito zato što će taj broj aktualnih profila za pretraživanje vrlo vjerojatno prekoračiti broj profila za pretraživanje koji brojni posrednici imaju u vlastitoj bazi podataka.

Kada bi se ovaj inovativni portal za uparivanje nekretnina primjenjivao u više zemalja, potencijalni kupci iz Njemačke mogli bi, primjerice, izraditi profil za pretraživanje na sredozemnom otoku Mallorci (Španjolska), a posrednici u prometu nekretnina s Mallorce mogli bi svojim njemačkim potencijalnim kupcima e-poštom predstaviti odgovarajući apartman. –Ako su poslani prikazi napisani na španjolskom, potencijalni ih kupci mogu vrlo brzo prevesti na njemački pomoću programa za prevođenje dostupnih na internetu.

Kako bi se uparivanje profila za pretraživanje i posredovanih nekretnina moglo realizirati neovisno o jeziku, u okviru portala za uparivanje nekretnina moguće je provesti uspoređivanje dotičnih karakteristika na osnovi programiranih (matematičkih) karakteristika –neovisno o jeziku –te nakon toga dodijeliti dotični jezik.

U slučaju uporabe portala za uparivanje nekretnina na svim kontinentima navedeni potencijalni promet (samo potencijalni kupci) mogao bi se pojednostavljeno izračunati na sljedeći način.

Stanovništvo svijeta:

7.500.000.000 (7,5 mlrd.) stanovnika

1. Stanovništvo u industrijskim zemljama i uglavnom industrijskim zemljama: 2.000.000.000 (2,0 mlrd.) stanovnika

2. Stanovništvo u nedavno industrijaliziranim zemljama:

   4.000.000.000 (4,0 mlrd.) stanovnika

3. Stanovništvo u zemljama u razvoju:

   1.500.000.000 (1,5 mlrd.) stanovnika

Godišnji potencijalni promet Savezne Republike Njemačke u visini od 1,2 mlrd. EUR na 80 mil. stanovnika može se pomoću sljedećih faktora preračunati na industrijske zemlje, nedavno industrijalizirane zemlje i zemlje u razvoju.

1. Industrijske zemlje: 1,0

2. Nedavno industrijalizirane zemlje: 0,4

3. Zemlje u razvoju: 0,1

Tako dobivamo sljedeći godišnji potencijalni promet (1,2 mlrd. EUR x stanovništvo (industrijske zemlje, nedavno industrijalizirane zemlje ili zemlje u razvoju) / 80 mil. stanovnika x faktor).

1. Industrijske zemlje: 30,00 mlrd. EUR

2. Nedavno industrijalizirane zemlje: 24,00 mlrd. EUR

3. Zemlje u razvoju: 2,25 mlrd. EUR

Ukupno: **56,25 mlrd. EUR**

9. Zaključak

Ovaj prikazani portal za uparivanje nekretnina pruža značajne prednosti za osobe koje traže nekretnine (potencijalne kupce) i posrednike u prometu nekretnina.

1. Potencijalni kupci značajno skraćuju vrijeme pretraživanja prikladnih nekretnina jer samo jedanput izrađuju svoj profil za pretraživanje.

2. Posrednici u prometu nekretnina dobivaju cjelokupan pregled nad brojem potencijalnih kupaca s već konkretnim željama (profilima za pretraživanje).

3. Potencijalni kupci od svih posrednika u prometu nekretnina (gotovo automatski predodabir) na uvid dobivaju samo željene odnosno odgovarajuće nekretnine (u skladu s profilom za pretraživanje).

4. Posrednici u prometu nekretnina smanjuju svoj trud oko održavanja vlastite baze podataka za profile za pretraživanje jer im je trajno na raspolaganju vrlo velik broj aktualnih profila za pretraživanje.

5. Budući da su u portal za uparivanje nekretnina uključeni samo poslovni ponuđači / posrednici u prometu nekretnina, potencijalni kupci imaju posla s profesionalnim i često iskusnim posrednicima.

6. Posrednici u prometu nekretnina smanjuju broj termina razgleda i ukupno vrijeme koje nekretnina provede na tržištu. Zauzvrat se za potencijalne kupce smanjuje broj termina razgleda i skraćuje vrijeme do sklapanja kupoprodajnog ugovora ili ugovora o najmu/zakupu.

7. Vlasnici nekretnine za prodaju ili najam također štede vrijeme. Osim toga, skraćuje

se vrijeme koje nekretnina za iznajmljivanje provodi prazna te se postiže ranije plaćanje kupoprodajne cijene kod nekretnina na prodaju uslijed bržeg iznajmljivanja odnosno brže prodaje, što čini financijsku prednost.

S realizacijom ove ideje uparivanja nekretnina može se postići značajan napredak u posredovanju u prometu nekretnina.

10. Povezivanje portala za upravljanje nekretninama u novi softver za posredovanje u prometu nekretnina s uključenom procjenom vrijednosti nekretnine

Savršenstvo se može odnosno treba postići tako da ovdje opisani portal za uparivanje nekretnina od početka postane važan sastavni dio novog softvera za posredovanje u prometu nekretnina, koji bi se u idealnom slučaju rabio diljem svijeta. To znači da posrednici u prometu nekretnina mogu portal za uparivanje nekretnina upotrebljavati dodatno uz softver za posredovanje u prometu nekretnina koji već rabe ili, u idealnom slučaju, da upotrebljavaju novi softver za posredovanje u prometu nekretnina s portalom za uparivanje nekretnina.

Povezivanjem ovog učinkovitog i inovativnog portala za uparivanje nekretnina u vlastiti softver za posredovanje u prometu nekretnina stvara se osnovno jedinstveno obilježje softvera za posredovanje u prometu nekretnina koje će biti iznimno bitno za probijanje na tržištu.

Budući da je procjena vrijednosti nekretnine uvijek važan sastavni dio posredovanja u pormetu nekretnina i da će to i ostati, u softver za posredovanje u prometu nekretnina obvezno valja integrirati i alat za procjenu vrijednosti nekretnine. Procjena vrijednosti nekretnina s odgovarajućim načinima izračuna može se preko povezivanja poslužiti relevantnim podatcima/parametrima nekretnina koje su unijeli/stvorili posrednici u prometu nekretnina. Posrednik u prometu nekretnina na temelju vlastitog istraživanja regionalnog tržišta može dopuniti parametre koji možda nedostaju.

Osim toga, softver za posredovanje u prometu nekretnina mora imati mogućnost integriranja takozvanih virtualnih obilazaka za nekretnine u ponudi. To bi se, primjerice, moglo pojednostavljeno realizirati tako da se razvije dodatna aplikacija (App) za mobilni telefon i/ili tablet, koja nakon snimanja virtualnog obilaska nekretnine automatski tu snimku integrira odnosno uključuje u softver za posredovanje u prometu nekretnina.

Ako se ovaj učinkoviti i inovativni portal za uparivanje nekretnina uključi u novi softver za posredovanje u prometu nekretnina uz procjenu vrijednosti nekretnine, time će se ponovno znatno povećati potencijalni promet.

Matthias Fiedler
Korschenbroich, 31.10.2016

Matthias Fiedler
Erika-von-Brockdorff-Str. 19
41352 Korschenbroich
Njemačka
www.matthiasfiedler.net